LA FLYING STAR 2024

Prévisions. Remèdes. Cures

Nathalie Normand   So Feng Shui Editions

Copyright © 2024 Nathalie Normand

Code ISBN : 9798876504371
Copyright © 2024 Nathalie Normand   www.larchitecture-fengshui.com

Avant-propos

Que faut-il changer chez soi ou au bureau en 2024 ?

Quelles étoiles activer pour faciliter votre succès et votre réussite dans tous les domaines: pour rencontrer une belle personne, pour être en bonne santé, serein et loin de tout stress, pour avoir de bonnes relations avec sa famille, pour stimuler sa créativité, pour développer son abondance, pour être reconnu et avoir la promotion qu'on espérait, pour avoir de la chance dans sa vie et ouvrir des perspectives heureuses?
Comment se protéger des étoiles de la malchance, de la maladie, des querelles et des jalousies, de la violence ?
Tout est dit dans ce livre pour que vous puissiez vous épanouir et être protégé autant que possible des travers de votre chemin de vie.

Avec ce guide pratique, je vais vous aider à préparer votre année Feng-Shui 2024. Il y aura comme chaque année du bon et du moins bon. Si vous suivez mes conseils pour rééquilibrer les énergies, vous passerez une belle année 2024.
L'Année du Dragon de Bois commencera le **Samedi 10 Février 2024** et se terminera le **Mardi 28 Janvier 2025**.
Agissez pour renouveler vos forces ou ouvrez-vous à de belles perspectives de vie avec la puissance du Feng-Shui.

Copyright © 2024 Nathalie Normand   www.larchitecture-fengshui.com

Sommaire

Avant-propos. p.3

Chapitre I: Les Bases

Les 3 Chances. p.6
Les 9 secteurs de votre habitat ou votre bureau. p.8
Les 9 Secteurs. p.10
Les couleurs, les formes et les matériaux pour chaque zone. p.12

Chapitre II: L'An 2024, Année 8. Période 9

L'année 2024. p.14
L'influence d'une année 8. p.16
Une année sous l'énergie de la TERRE p.17
L'année du DRAGON de BOIS. p.18

Chapitre III: Les Etoiles

Qu'est-ce qu'un remède ou une cure Feng-Shui ? p.20
La cure de sel. p.21
Les 9 Étoiles. p.22

L'Axe Nord/Sud

Nord_L'étoile 8. La carrière, le chemin de vie. p.24
Sud_L'étoile 7. La renommée, l'avenir social. p.26

L'Axe Est/Ouest

Est_L'étoile 1. La famille, la santé. p.30
Ouest_L'étoile 5. L'avenir, les projets, la créativité, le(s) enfant(s). p.32

L'Axe Nord-Est/Sud-Ouest

Nord-Est_L'étoile 6. Les connaissances, la sagesse. p.36
Sud-Ouest_L'étoile 9. Le couple, les relations, la femme. p.40

L'Axe Nord-Ouest/Sud-Est

Nord-Ouest_L'étoile 4. L'aide extérieure, les amis, les voyages, les promotions, l'homme. p.42
Sud-Est_L'étoile 2. L'abondance, les finances. p.46

Le Centre_L'étoile 3. L'équilibre, la santé. p.50

Copyright © 2024 Nathalie Normand   www.larchitecture-fengshui.com

Sommaire

Chapitre IV: Les Energies favorables et nocives

Les afflictions annuelles. p.52
Les axes défavorables. p.55
Les secteurs à ne pas activer en 2024. p.56
Les degrés à ne pas déranger. p.58

Les meilleurs secteurs. p.60
Les axes favorables. p.62
Les zones à activer cette année. p.64

Secteurs et chiffre de chance. p.66
Les bons secteurs pour la "Maison Est" pour les personnes 1, 3, 4 et 9. p.68
Les bons secteurs pour la "Maison Ouest" pour les personnes 2, 6, 7 et 8. p.70
Vos secteurs favorables et défavorables en fonction de votre Chiffre de Chance p.72

Les 5 meilleurs conseils pour cette année. p.73

Chapitre V: Renseignements

Bibliographie. p.74

Contact. p.77

Les 3 Chances

En Feng-Shui, on considère que l'humain a 3 chances primordiales dans sa vie et la Flying Star (le calcul des étoiles volantes) est l'une d'entre elles.

La Chance du Ciel

La date de naissance d'un individu, d'un lieu ou d'une construction établit un thème astrologique qui détermine une carte énergétique pour la maison ou l'entreprise pour toujours.

Aujourd'hui nous allons nous focaliser sur la Flying Star annuelle 2024 pour la maison ou pour l'entreprise; cette carte énergétique est valable uniquement pour l'année en cours.

La Chance de la Terre

Il s'agit du lieu où on l'on vit ou bien où l'on travaille. Là aussi, il existe une carte énergétique structurelle à laquelle s'ajoute une carte d'énergie vitale déterminée par la Géobiologie qui est une étude de la Vie de la Terre.

La Chance de l'Homme

Il s'agit de votre chemin de vie et de ce que vous réalisez ou impulsez dans votre vie.

 # Notes

Les 9 secteurs
de votre habitat ou de votre bureau

En Feng-Shui, votre habitat, votre bureau ou votre entreprise sont divisés en 9 secteurs égaux.

Chacun est relié à un point cardinal:
Nord ⟶ Sud,
Est, ⟶ Ouest,
Nord-Ouest, ⟶ Sud-Est,
Nord-Est, ⟶ Sud-Ouest
et le pivot central qui relie chaque axe.

Sur chaque secteur, il y a un nombre qui correspond à la position d'une étoile; celui que vous voyez ci-dessous est le carré originel, c'est-à-dire que chaque nombre est à sa place de naissance; ils correspondent aux 9 étoiles de la Grande Ourse et chaque étoile a une direction cardinale.

Carré originel

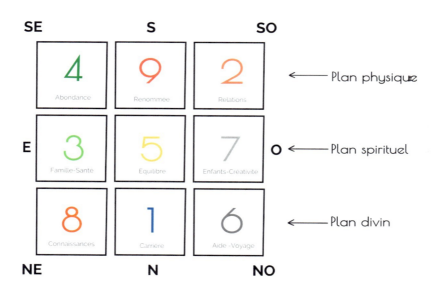

Les 9 secteurs
de votre habitat ou de votre bureau

Sur chacune de ces zones il y a une étoile volante annuelle qui a soit une bonne influence soit une mauvaise influence sur la vie du secteur pour l'année en cours. On les nomme volantes parce que chaque année, les étoiles changent de localisation.

Il existe des étoiles structurelles, celles-là sont en place en permanence depuis la construction du lieu. Pour celles qui concernent l'année de construction de votre habitat ou de votre lieu de travail, il faut demander une étude des étoiles structurelles.

Aussi, les conseils de ce livre concernent uniquement l'année en cours. L'étude de la Flying Star annuelle se fait chaque année, l'étude de la Flying Star structurelle se réalise une fois pour toute. Pour les variations de la Flying Star mensuelle, je vous donne les influences chaque mois sur ma chaîne Youtube **SO FENG SHUI**.

Les étoiles de la Grande Ourse

Les 9 Secteurs

En Feng-Shui, votre habitat, votre bureau ou votre entreprise sont donc divisés en 9 secteurs égaux. Chacun étant relié à un point cardinal et représentant un **aspect majeur de votre vie**.

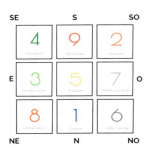

1. Nord:
La carrière, le chemin de vie, la sexualité.

2. Sud-Ouest:
La Femme, le couple, les relations.

3. Est:
La famille, la santé, la vitalité.

4. Sud-Est:
L'abondance, les finances, les acquis.

5. Centre:
L'équilibre, la santé, l'ancrage, enfin le Tao soit l'entité globale de tous les domaines.

6. Nord-Ouest:
L'Homme, l'aide extérieure, la chance, la spiritualité, le voyage, la trésorerie.

7. Ouest:
Le ou les Enfant(s), les projets, l'avenir, les arts, les plaisirs.

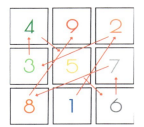

8. Nord-Est:
Les connaissances, l'éducation, la sagesse.

9. Sud:
La réputation, la renommée, la vie sociale.

Les 9 Secteurs

Chaque secteur est lié à un nombre: 1, 2, 3, 4, 5, 6, 7, 8, 9

A l'un des 5 éléments = eau, bois, feu, terre, métal.

Et à une direction cardinale:
Nord
Nord-Est
Est
Sud-Est
Sud
Sud-Ouest
Ouest
Nord-Ouest
et **Centre**.

Chaque secteur aura ses propres couleurs:

1 (eau): blanc, argent, gris, bleu, noir.

3 ou 4 (bois): bleu, noir, vert.

9 (feu): vert, rouge, or, rose, grenat, mauve, violet.

2, 5 ou 8 (terre): rouge, or, rose, grenat, mauve, violet, jaune, beige, orange, brun, marron, terracotta.

6 ou 7 (métal): jaune, beige, orange, brun, marron, terracotta, blanc, gris, argent.

Les 9 Secteurs

Chaque secteur aura ses propres formes

Chaque secteur aura ses propres matériaux

1 (eau): eau, verre, ardoise.

3 ou 4 (bois): bois, bois brut, bois travaillé ou sculpté.

9 (feu): feu, brique, plastique.

2, 5 ou 8 (terre): terre, terre cuite, argile, porcelaine, mosaïque.

6 ou 7 (métal): métal, métal brut, métal travaillé ou sculpté, fer forgé, argent, cuivre, or.

Notes

2024
L'Année du Dragon de Bois

L'année commencera le Samedi **10 Février 2024** et se terminera le Mardi **28 Janvier 2025**.

Ce Nouvel An est souvent nommé « Nouvel an Chinois ». Cette célébration est en fait honorée dans plusieurs pays d'Asie, il s'agit du "**Nouvel An lunaire**". Ce nouveau cycle lunaire interviendra après le solstice d'hiver. Il suit le mouvement de la nature et des planètes. Début février, c'est le renouveau pour la nature, ce sont les prémisses du printemps, c'est là que l'on voit apparaître les premières fleurs au jardin. On l'appelle également Fête du Printemps ou encore Fête du Têt au Viêtnam.

Notes

L'Influence d'une Année 8

Cette année 2024 est une année 8 (2+0+2+4). Elle est placée sous le signe du Dragon de Bois. Une année de succès, de croissance, de créativité et de renouveau.

Le 8 est relié au secteur Nord-Est

de votre habitat ou de votre bureau; il représente la sagesse et le développement personnel. Le 8 est d'une énergie "**TERRE**" qui invite à l'ancrage de bonnes actions altruistes et envers vous-même.

C'est une année où l'on va se positionner par rapport à soi et trouver la voie qui nous convient. L'année 8 se profile comme une phase propice à l'essor et à la matérialisation de vos objectifs. Elle incarne la concrétisation, la récolte des fruits de vos efforts et une période d'abondance. Préparez-vous à une énergie dynamique, axée sur la réalisation de vos ambitions et de vos projets.

Nous sommes au **début d'un cycle de 9 ans**, que l'on nomme en Feng-Shui **la Période 9** où l'on termine ce que l'on a tracé. Cette période nous amène à aller de l'avant, à créer, à explorer le nouveau, à changer de cap, à réussir tout en évoluant spirituellement par différentes prises de conscience qui seront de belles aides à notre épanouissement et à une maturité accrue.

L'Influence d'une Année Terre

Une année représentant l'élément Terre est associée à la stabilité, à la nourriture, à la sécurité et à la croissance. Voici quelques-unes de ses caractéristiques et qualités:

1. Stabilité et fondations solides: L'élément Terre est relié à la stabilité et à la base solide sur laquelle construire. C'est une période propice pour consolider vos fondations, que ce soit dans votre vie personnelle ou professionnelle.

2. Nourrir la croissance: Comme la Terre est liée à la fertilité, cette année pourrait favoriser la croissance et le développement, que ce soit dans les relations, les projets personnels ou les affaires.

3. Sécurité et soutien: L'élément Terre est souvent associé au sentiment de sécurité et de soutien. C'est une période où vous pouvez vous sentir plus enraciné et soutenu, tant émotionnellement que matériellement.

4. Praticité et pragmatisme: L'énergie de l'année Terre encourage souvent un esprit pratique et pragmatique. C'est le moment idéal pour être terre-à-terre dans vos objectifs et dans la manière dont vous abordez les situations.

5. Nourriture et santé: La Terre est également liée à la nourriture et à la santé. Vous pourriez ressentir un appel à mieux prendre soin de votre corps et de votre bien-être global.

6. Harmonie et équilibre: En équilibrant et en intégrant les qualités d'autres éléments du Feng Shui (le Bois, le Feu, le Métal, l'Eau*), l'année Terre peut favoriser l'harmonie et l'équilibre dans différents aspects de votre vie.

*Reportez-vous à la page 12.

Une Année sous l'influence du Dragon de Bois

L'année est associée à des qualités spécifiques basées sur les attributs du Dragon et les caractéristiques de l'élément Bois. Voici quelques-unes des qualités dont on peut bénéficier en entrant dans une telle force vitale:

1. Vigueur et énergie: Le Dragon est un symbole de force, de puissance et de vitalité. Lorsqu'il est combiné à l'élément Bois, cela peut amplifier l'énergie, apportant une dynamique très vive et entreprenante. C'est l'énergie double du printemps et de la naissance de toute chose.

2. Créativité et croissance: L'élément Bois est lié à la croissance, au développement et à la créativité. Une année Dragon de Bois pourrait stimuler l'innovation, encourager de nouvelles idées et favoriser la croissance personnelle et professionnelle.

3. Leadership et ambition: Le Dragon est souvent associé au leadership et à l'ambition. Cette année pourrait encourager les personnes à prendre des initiatives audacieuses, à rechercher des défis et à exercer un charisme organisationnel fort dans différents aspects de leur vie.

4. Générosité et noblesse: Le Dragon est également lié à la générosité et à la noblesse d'esprit. Cette année pourrait encourager les actes altruistes et inspirer les gens à agir pour le bien commun.

5. Adaptabilité et flexibilité: L'élément Bois représente la flexibilité et l'adaptabilité. Une année Dragon de Bois pourrait apporter des changements inattendus mais également offrir la capacité de s'adapter et de trouver des solutions créatives aux défis.

6. Inspiration et vision: Le Dragon est souvent associé à une vision claire et à l'inspiration. Cette année pourrait inciter les individus à avoir une vision à long terme et à se concentrer sur des objectifs ambitieux.

Notes

Qu'est-ce qu'une cure ou un remède Feng-Shui ?

Pour rééquilibrer l'énergétique d'un secteur, on va activer les étoiles bénéfiques ou on va neutraliser les étoiles déficientes d'une des 9 zones de l'habitat ou du bureau:
Pour cela on aura le choix entre **un remède passif** (couleurs, formes et / ou matériaux) et **un remède actif**, un matériau d'une couleur en mouvement: eau (fontaine), métal (carillon), feu (éclairage) ou autre suivant ce qui est recommandé. Quand une étoile est bonne, on va la soutenir, l'activer; quand elle est mauvaise ou déficiente, on va la neutraliser ou la soigner.

On va donc distinguer deux actions.

L'Interaction positive = Activation

L'Interaction pour contrer la négativité = Remède, Soin ou Cure Feng-Shui

La Cure de Sel

La Cure Feng-Shui est un autre remède plus fort:

Le sel a été utilisé depuis des siècles pour ses propriétés purifiantes. En dispersant du sel dans les secteurs problématiques ou les coins de la maison ou du bureau, on élimine les énergies négatives et on crée un environnement plus positif et harmonieux. Au fil du temps, notre maison ou notre bureau peut accumuler des énergies stagnantes ou négatives provenant des personnes qui y vivent ou des événements qui s'y déroulent. La purification par la cure de sel est un moyen simple mais puissant pour nettoyer ces énergies et pour restaurer l'harmonie dans notre espace de vie. On l'utilise aussi pour les secteurs déficients annuellement ou mensuellement seulement si vous avez un souci avec l'un de vos 9 secteurs qui influencent les aspects essentiels de votre vie quotidienne.

Procédure

1. Choisissez un bol ou un contenant qui ne servira qu'à ce rituel.
2. Versez de l'eau d'une source d'une bouteille fermée ou d'un purificateur d'eau.
3. Ajoutez le sel non raffiné venant aussi d'un contenant fermé; remplissez aux deux tiers, l'eau doit déborder au-dessus du sel.
4. Magnétisez le tout avec vos mains ou avec un bol tibétain.
5. Placez dans un endroit discret du secteur qui vous pose le plus problème.
6. Quand le sel déborde au bout de quelque temps, renouvelez l'opération.
7. Sinon, changez toutes les 3 semaines.
8. Quand tout va mieux, stoppez la cure de sel et jetez le tout dans un sac fermé.
9. Changez de secteur si et quand vous en avez besoin.

Les 9 Etoiles

Chaque étoile est représentée par un nombre et a un caractère qui lui est propre:

Il y a l'étoile d'**Eau**: **1**,
les étoiles de **Bois**: **3 & 4**,
l'étoile de **Feu**: **9**,
les étoiles de **Terre**: **2, 5 & 8**,
et les étoiles de **Métal**: **6 & 7**.

Elles changent comme je l'ai dit auparavant de secteur chaque année.

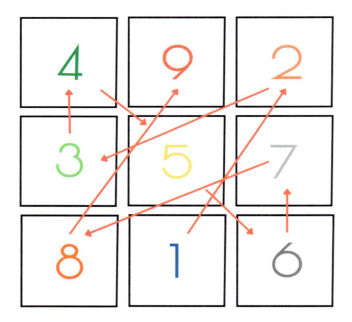

Dans les pages suivantes, je vais vous présenter comment travailler par axe avec chacune des étoiles: par exemple, si je travaille au **Nord**, je vais en même temps bouger des éléments Feng-Shui au **Sud**.

Notes

NORD * L'Etoile
L'axe NORD / SUD

En Feng Shui, le chiffre 8 est associé à la prospérité (**Terre Yin**), à l'abondance et à la réussite. L'étoile 8 est considérée comme très bénéfique lorsqu'elle est présente dans une habitation ou un espace. **L'étoile 8 se retrouve dans le secteur NORD**. Nous sommes dans la **zone de la Carrière**. Tout ceci va être très positif pour toutes les personnes qui ont un métier dans ce domaine. C'est une étoile qui porte chance. Les gains matériels et les récompenses seront au rendez-vous. Vous pourrez aussi améliorer votre réputation, connaître de nouvelles opportunités et ouvertures professionnelles, surtout pour les natifs 1* et 8*.

Qualités

1. Prospérité et richesse: L'étoile 8 est liée à la richesse matérielle et à la prospérité financière. Elle favorise l'abondance dans différents aspects de la vie, y compris les finances et les opportunités commerciales.

2. Succès et chance: Elle est associée à la chance et au succès dans les entreprises. Elle apporte des occasions favorables, aide à atteindre des objectifs et à surmonter les obstacles.

3. Harmonie et équilibre: L'étoile 8 est également reliée à l'harmonie et à l'équilibre. Elle contribue à maintenir une atmosphère paisible et équilibrée dans un espace favorisant ainsi les relations sereines et la stabilité émotionnelle.

4. Énergie positive: Cette étoile est considérée comme porteuse d'une énergie positive et bénéfique. Elle aide à attirer des influences favorables et à éloigner les énergies négatives.

Activation

Activez avec de la **Terre** ou du **Feu**, soit avec des couleurs: des jaunes, des beiges, des orangers, des marrons; soit avec des couleurs Feu, des rouges, des roses, des violets. On va pouvoir rajouter une lumière rouge ou un lustre en cristal parce que le cristal contient l'énergie très pure de la terre, et du feu (de la lumière) qui va justement engendrer cette énergie de Terre contribuant à nourrir l'étoile 8. Je vous conseille puisqu'on est dans le **secteur de la Carrière,** de choisir des pierres de guérison jaunes, oranges, marron, rouges, roses ou violettes.

*Découvrez votre nombre Kua que je nomme "Votre Chiffre de Chance", votre énergie de naissance, en regardant la vidéo sur notre chaîne So Feng Shui ou dans le livre Votre Chiffre de Chance p.74.

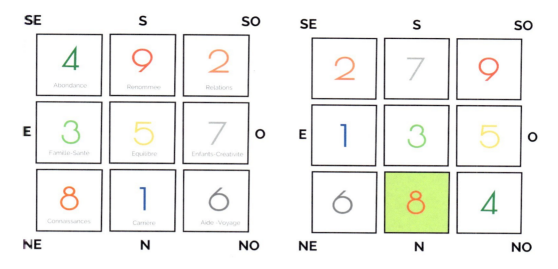

Carré originel et significations   Carré 2024

Notes

SUD* L'Etoile
L'axe SUD / NORD

L'étoile 7 en Feng Shui est souvent considérée comme une étoile porteuse d'une énergie complexe. Elle peut avoir à la fois des aspects positifs et des aspects potentiellement nuisibles selon sa disposition et son interaction avec d'autres éléments. **Elle se situe au SUD** cette année et sera négative dans ce secteur sauf quelques mois, reportez-vous à la Flying Star mensuelle sur la chaîne **So Feng Shui**.

Qualités potentielles de l'étoile 7

1. Sagesse et spiritualité: L'étoile 7 est souvent liée à la sagesse, à la recherche spirituelle et à la quête de connaissances plus profondes.

2. Réflexion et introspection: Elle encourage parfois la réflexion intérieure et l'introspection, incitant à une exploration plus profonde de soi-même et des aspects spirituels de la vie.

3. Apprentissage et croissance intérieure: L'étoile 7 peut favoriser des périodes propices à l'apprentissage, à la croissance intérieure et au développement spirituel.

Potentielle nocivité de l'étoile 7

1. Instabilité mentale: Dans certaines circonstances, l'étoile 7 peut apporter une énergie mentalement instable, induisant de l'anxiété ou des pensées confuses.

2. Problèmes de santé: Elle est parfois associée à des problèmes de santé, en particulier ceux liés au stress ou aux déséquilibres émotionnels.

3. Conflits et perturbations: L'étoile 7 peut également être associée à des conflits, des perturbations relationnelles ou des problèmes liés à la communication.

Au Sud, cette année

L'étoile 7 n'est pas toujours fort sympathique, elle peut être violente (**Métal Yin**). Vous pouvez connaître des conflits, des querelles, des vols, des fraudes, de la concurrence déloyale, voire des accidents de la vie. Soyez prudents, car sur cet axe nous avons 2 étoiles négatives, la **3 au CENTRE** et la **7 au SUD**. Votre réputation risque d'être entachée, surtout pour les personnes 9*. Heureusement cette année l'étoile 8 au Nord renforcera votre carrière, votre chemin de vie. Si vous avez des soucis, suivez les conseils et remèdes de la page 28.

*Voir p.74

Copyright © 2024 Nathalie Normand — www.larchitecture-fengshui.com

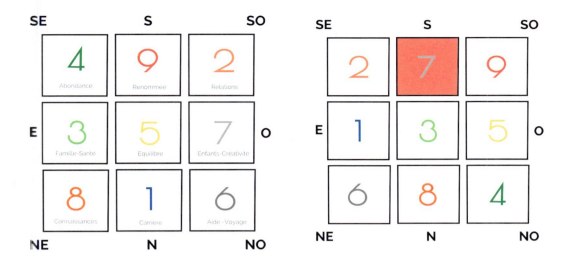

Carré originel et significations   Carré 2024

Notes

SUD * L'Etoile
L'axe SUD / NORD

Remèdes

Évitez le secteur, n'y restez pas plus de 2h. Si votre bureau s'y trouve et que vous ne pouvez pas changer de lieu, à ce moment-là vous allez regarder soit l'**EST** pour les personnes du **groupe EST***, soit le **SUD-OUEST** ou le **NORD-EST** pour ceux du **groupe OUEST***.
Installez une lampe rouge ou une lumière électrique ou rajouter des couleurs vertes ou rouges. Si vous avez votre poêle ou votre cheminée dans ce secteur là, cette année ce sera bénéfique. Evitez de mettre de la céramique, du jaune, de l'orange ou du marron.

Cure Feng-Shui

Si vous avez vraiment un souci dans ce secteur, que votre métier est en lien avec la réputation, l'évènementiel, les métiers en lien avec l'audiovisuel, l'action sociale, que vous êtes surmené, stressé; je vous conseille de remplir un grand vase d'eau ou un aquarium avec du gros sel venant d'un contenant fermé. Le sel doit être pur et non souillé. Ensuite, vous allez changer l'eau et le sel dès que vous sentez que çà ne fonctionne plus. Ou au maximum **toutes les 3 semaines**. C'est ce que l'on nomme une cure Feng-Shui.

Vous pouvez regarder cette vidéo sur notre chaîne Youtube **SO FENG SHUI** pour vous aider à clarifier votre intérieur que ce soit votre maison ou votre bureau.

*Voir p.74

Notes

EST * L'Etoile
L'axe EST / OUEST

Cette année nous avons **l'Etoile 1 à l'EST** dans le secteur de la Famille et de la Santé. Cette étoile porte bonheur (**Eau Yang**), elle active la chance d'un bel avenir de votre famille et une prise en compte de soins et de bonnes habitudes pour votre santé et celle de ceux qui vous entourent. Surtout pour les personnes 1* (santé renforcée, reprise de forces physiques) et 3* (plus d'harmonie de vie).

Qualités et caractéristiques de l'étoile 1

1. Opportunités et nouveaux départs: L'étoile 1 est souvent perçue comme porteuse d'énergie propice aux nouveaux départs, aux opportunités et à la croissance. Elle peut apporter des occasions favorables pour entreprendre de nouveaux projets ou pour amorcer des changements positifs.

2. Succès et réalisations: Cette étoile est associée à des réussites et à des accomplissements. Elle peut encourager la manifestation de succès dans divers aspects de la vie, que ce soit sur le plan personnel, professionnel ou financier.

3. Énergie prometteuse: La présence de l'étoile 1 peut apporter une énergie prometteuse, dynamique et motivante. Elle peut stimuler la motivation et l'optimisme, favorisant ainsi une approche proactive des défis, anticipant ainsi les initiatives et les attentes.

4. Clarté mentale et concentration: L'énergie de l'étoile 1 est souvent liée à la clarté mentale, à la concentration et à la capacité de prendre des décisions éclairées. Cela peut aider à élaborer des stratégies et à planifier vos projets de manière plus efficace.

5. Attention aux excès: Cependant, il est important de noter que l'étoile 1 peut aussi être associée à une énergie excessive, ce qui peut parfois conduire à une agitation mentale ou à une certaine impatience. Il est conseillé de cultiver l'équilibre et la patience. Trop d'eau dans le secteur bois apporterait son lot d'instabilités et d'iritabilités.

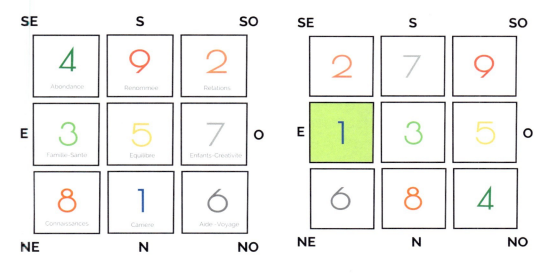

Carré originel et significations   Carré 2024

L'activation de l'étoile 1

L'activation de l'étoile 1 dans un espace spécifique peut être réalisée en utilisant différentes techniques du Feng Shui, comme placer des objets symboliques ou des éléments représentant cette énergie **Eau** dans les secteurs appropriés de votre maison ou de votre bureau. Cependant, il est recommandé de le faire avec précaution et en considérant l'ensemble des énergies présentes dans l'environnement pour éviter tout déséquilibre. Suivez les conseils des pages 12, 64 et 68.

*Voir p.66 et 74

Notes

OUEST * L'Etoile
Axe OUEST / EST

En Feng Shui, l'étoile 5 est souvent considérée comme une étoile à la fois redoutée et redoutable en raison de ses qualités potentiellement nocives. Sauf certains mois, reportez-vous à la Flying Star mensuelle sur la chaîne **So Feng Shui**. Elle est souvent associée à des énergies négatives et peut causer des perturbations dans un espace si elle n'est pas correctement traitée. **L'étoile 5 sera à l'Ouest** cette année. C'est l'étoile de la Malchance. Elle touchera l'énergie des enfants, de la créativité, des arts, des projets et de l'avenir. Attention aux métiers en lien avec ceci.

L'étoile 1 à l'**Est** permettra d'assouplir les problèmes financiers, les vols, les fraudes, voire de les réguler par l'intermédiaire de l'aide extérieure de la justice. Surtout pour les natifs 5* (8 Femme & 2 Homme).

Qualités négatives (Nocivités)

<u>1. Malchance et obstacles:</u> L'étoile 5 est souvent liée à la malchance, aux obstacles et aux difficultés. Sa présence peut apporter des défis imprévus ou des situations problématiques.

<u>2. Problèmes de santé:</u> Elle est associée à des problèmes de santé, donc sa présence pourrait contribuer à des problèmes physiques ou à des maladies.

<u>3. Tensions et conflits:</u> L'étoile 5 est également associée à des tensions, des conflits et des perturbations dans les relations interpersonnelles. Elle peut causer des frictions ou des discordes inattendues.

<u>4. Instabilité et perturbations:</u> Cette étoile est souvent liée à l'instabilité dans différents domaines de la vie, que ce soit sur le plan émotionnel, professionnel ou financier.

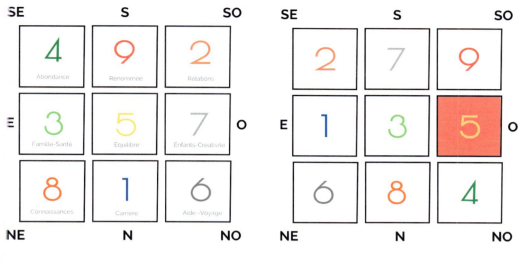

Carré originel et significations   Carré 2024

Notes

OUEST * L'Etoile
Axe OUEST / EST

Remèdes et Conseils pour atténuer ses effets néfastes

1. Réorganiser l'espace: Éviter les activités majeures dans les zones où l'étoile 5 est présente. Réorganiser l'espace ou utiliser des remèdes spécifiques peut aider à atténuer ses effets.

2. Utilisation de remèdes: Certains remèdes du Feng Shui tels que des éléments métalliques, des plantes spécifiques ou des objets protecteurs peuvent être utilisés pour contrer les influences négatives de cette étoile comme un dragon forestier ou un dragon d'azur.

3. Éviter les travaux majeurs: Éviter d'entreprendre des rénovations majeures ou des travaux de construction dans les zones affectées par cette étoile peut être conseillé pour éviter d'activer davantage ses effets néfastes.

Pour contrer l'étoile dans le secteur **Ouest** de votre maison ou de votre bureau, on va rajouter du métal. En utilisant des couleurs: blanc, gris et argent.
Ou en sélectionnant des matériaux: le métal passif (qui ne bouge pas) ou actif fortement conseillé cette année (carillon éolien à 6 branches argent).
Evitez d'avoir votre fontaine ou votre aquarium dans ce secteur. On ne va pas activer cette étoile 5. Et si vous le pouvez ne stationnez pas dans cette zone.

Vous avez l'essentiel ici, mais si vous avez des soucis important, il est crucial de consulter un praticien expérimenté en Feng Shui pour des conseils spécifiques sur la manière de traiter l'étoile 5, car les remèdes et les conseils peuvent varier en fonction de la disposition spécifique de l'espace et des autres facteurs Feng Shui.

Notes

NORD-EST * L'Etoile
L'axe Nord-Est / Sud-Ouest

On retrouve **l'étoile 6 au Nord-Est** cette année; on l'appelle l'étoile Céleste (**Métal Yang**). Donc, elle peut être très puissante pour nous aider dans notre travail. On va avoir du succès surtout si on a été persévérant, qu'on a préparé des choses l'an passé, cette année on va récolter les fruits de notre travail surtout pour les natifs 2*,6*,7* et 8*. Ce sera bénéfique pour les projets, le bel avenir dans tous les domaines notamment spirituels et tout ce qui touche au développement personnel, encore plus pour les 8*.

Qualités associées à l'Étoile 6

1. Étoile de la chance: Dans certaines configurations, l'étoile 6 est considérée comme une étoile de chance, apportant des opportunités, de la prospérité et de la richesse. Elle est souvent liée à la réussite et à la réalisation des objectifs.

2. Énergie positive: L'étoile 6 est généralement associée à une énergie positive qui favorise le succès dans les projets et les entreprises. Elle peut également être liée à la chance en amour et aux relations harmonieuses.

3. Influence bénéfique pour la carrière: Si l'étoile 6 est placée dans une zone favorable de l'espace (selon le Pa Kua), elle peut être bénéfique pour la carrière professionnelle. Elle peut favoriser la reconnaissance et le succès professionnel.

4. Énergie Yang: L'étoile 6 est souvent considérée comme une énergie Yang, ce qui signifie qu'elle est associée à des caractéristiques masculines telles que l'activité, la force et la dynamique.

*Voir p.66 et 74

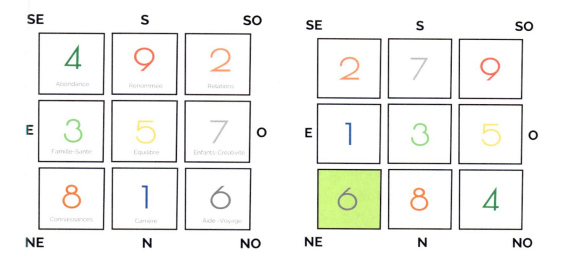

Carré originel et significations   Carré 2024

Notes

NORD-EST * L'Etoile
L'axe Nord-Est / Sud-Ouest

Activation

Pour activer notre bonne étoile 6, c'est très simple on va utiliser du cristal parce que celui-ci va générer cette énergie du métal 6; on peut aussi utiliser des éléments en terre cuite et des **couleurs terre**: jaune, beige, orange, brun, marron, terracotta..

Ou bien encore, ajouter du **métal**; ça peut être un élément passif comme une statue métallique, blanche ou grise; ou bien, on peut choisir un objet actif comme **un carillon éolien à 6 branches argent**. Vous pouvez rajouter des couleurs blanches, grises, argentées.

Par contre, je vous déconseille de mettre un éclairage puissant dans ce secteur, pas de rouge, pas de pourpre, pas de violet. Vous détruiriez ainsi le bon métal de l'étoile 6.

Découvrez votre nombre Kua que je nomme "Votre Chiffre de Chance", votre énergie de naissance, en regardant la vidéo sur notre chaîne So Feng Shui ou dans le livre Votre Chiffre de Chance p.74

Notes

SUD-OUEST * L'Etoile
L'axe SUD-OUEST / NORD-EST

L'étoile 9 se situe au SUD-OUEST cette année, porteuse d'une énergie très bénéfique en Feng Shui, représentant la réussite, la prospérité et la complétude. Elle apportera un fort soutien aux femmes (surtout pour les 2*) et au couple.

Qualités et caractéristiques associées à l'étoile 9

1. Réussite et achèvement: L'étoile 9 est souvent liée à la réussite et à l'achèvement. Elle symbolise la réalisation des objectifs, la concrétisation des projets et l'atteinte des aspirations.

2. Prospérité et abondance: Cette étoile est associée à la prospérité et à l'abondance. Elle peut favoriser la chance financière et l'attraction de bonnes opportunités économiques, notamment pour les personnes 2* et 8* en Feng-Shui.

3. Harmonie et achèvement: L'étoile 9 est également reliée à l'harmonie et à l'épanouissement. Elle peut favoriser des relations harmonieuses et des accomplissements émotionnels et spirituels. Votre couple sera renforcé ou bien vous rencontrerez la personne qui est en phase avec vous-même.

4. Croissance et expansion: Cette étoile est souvent perçue comme porteuse d'énergie de croissance et d'expansion dans tous les aspects de la vie. Elle peut encourager le développement personnel, professionnel et spirituel. Le 9 est une étoile multiplicative.

5. Énergie positive et chance: L'étoile 9 est considérée comme une énergie très positive et chanceuse. Elle peut apporter des opportunités inattendues et favorables.

6. Sagesse et compréhension: L'énergie de l'étoile 9 est parfois associée à la sagesse, à la compréhension et à une vision globale des choses. Elle peut favoriser une approche plus holistique et éclairée de la vie. C'est l'étoile de la divinité, installée dans le secteur de la femme, vous rayonnerez comme jamais.

Activer ou renforcer l'énergie de l'étoile 9

Pour activer notre bonne étoile 9, on va utiliser l'énergie du **Bois** et du **Feu**; on peut aussi utiliser des couleurs bois et feu: vert, rouge, or, rose, grenat, pourpre, mauve, violet...
Ou bien encore, ajouter du feu; ça peut être un élément passif comme une lumière; ou bien, on peut choisir un objet ou un élément actif comme une bougie, un poêle, une cheminée...
Par contre, je vous déconseille de mettre de l'eau dans ce secteur. Vous détruiriez ainsi le feu de l'étoile 9.

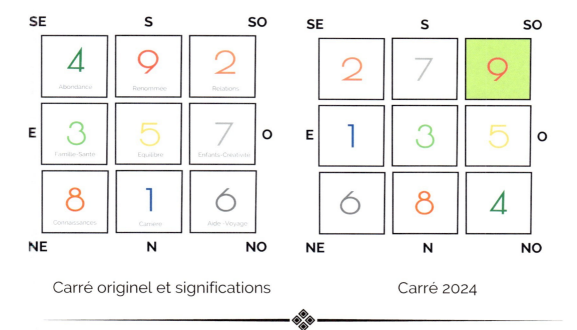

Carré originel et significations   Carré 2024

Notes

NORD-OUEST * L'Etoile 4
L'Axe NORD-OUEST/SUD-EST

La bonne étoile 4 se situe au **Nord-Ouest** cette année.

Pour ceux qui étudient, vous pouvez obtenir de très bons resultats scolaires, vous pouvez y placer votre bureau pour étudier. L'etoile 4 représente aussi l'amour, le bonheur conjugal, donc c'est un bon secteur si vous êtes des groupes **Est*** ou **Ouest*** pour installer votre salon, votre salle à manger. En fonction de votre énergie de naissance vous pourrez choisir cet emplacement cette année.

Qualités de l'Etoile 4

1. Énergie de stabilité: L'étoile 4 est souvent associée à une énergie stable, solide et fiable. Elle peut contribuer à apporter un sentiment de sécurité à l'espace.

2. Aspect positif pour la carrière: Dans certaines configurations favorables, l'étoile 4 peut être bénéfique pour la carrière, favorisant la croissance professionnelle, la reconnaissance et la stabilité dans le travail.

3. Énergie en rapport avec la créativité: L'étoile 4 peut stimuler la créativité et aider à générer des idées novatrices.

4. Influence positive sur les relations familiales: Elle peut contribuer à des relations familiales harmonieuses, favorisant la communication et la compréhension entre les membres de la famille.

5. Énergie Yang équilibrée: L'étoile 4 est souvent considérée comme une énergie Yang. Elle peut être bénéfique pour créer un environnement où l'activité et la tranquillité coexistent de manière équilibrée. Cela peut contribuer à un sentiment général d'harmonie et de bien-être dans l'espace concerné.

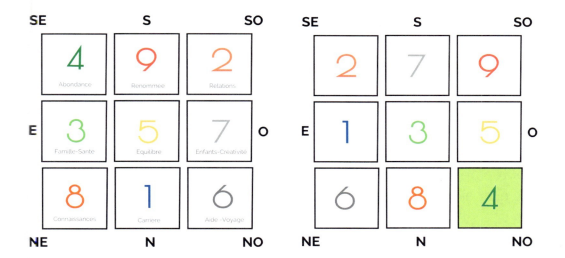

Carré originel et significations — Carré 2024

Notes

NORD-OUEST * L'Etoile 4
L'Axe NORD-OUEST/SUD-EST

Activation

1. <u>Couleurs:</u> On va activer ce secteur avec de l'eau et des plantes, on va rajouter des couleurs **Eau**: des noirs, toutes les gammes de bleus du plus clair au plus foncé et des couleurs **Bois**, toutes les gammes de vert.

2. <u>Matériaux:</u> vous allez pouvoir ajouter de l'eau si vous avez un aquarium ou une fontaine et les placer ici; ou des matériaux **Bois**, du bois tout simplement, sculpté fin de préférence, le bois brut, un plancher en bois, un bureau en bois, des éléments décoratifs en bois. Et bien sûr n'oubliez pas d'installer des plantes, il s'agit ici de bois vivant.

3. <u>Lumière Naturelle:</u> Encouragez la lumière naturelle à entrer dans la pièce. Cela peut être réalisé en utilisant des rideaux légers ou des miroirs stratégiquement positionnés pour refléter la lumière.

4. <u>Mouvement et Activité:</u> Faites en sorte que la zone soit vivante et active. Évitez l'encombrement excessif, car cela peut bloquer l'énergie. Intégrez des éléments qui symbolisent le mouvement, tels que des fontaines ou des objets mobiles.

5. <u>Évitez les Éléments Yin Excessifs:</u> Réduisez autant que possible les éléments Yin dans la zone associée à l'étoile 4. Cela inclut les couleurs froides comme le gris ou le blanc, les formes rondes, les éléments d'eau en excès, etc.

6. <u>Symboles Positifs:</u> Intégrez des symboles qui représentent la chance, la prospérité et le succès. Cela peut inclure des objets porte-bonheur, des représentations symboliques positives...

*Voir p.66 et 74

Notes

SUD-EST * L'Etoile
L'axe Sud-Est / Nord-Ouest

Nous avons **l'étoile 2 à l'Est** (**Terre Yang**) cette année qui représente les finances et l'abondance sous toutes ses formes. On l'appelle l'étoile de la maladie. Aussi vous pourrez rencontrer plus de soucis de finances et de trésorerie. Sauf certains mois, reportez-vous à la Flying Star mensuelle sur la chaîne **So Feng Shui**. Attention aux natifs 4* et à leur harmonie de vie, et les 1*, 3* et 9*, notamment pour les métiers ayant trait à l'économie.

Si on a de l'eau dans le secteur, on va éviter de l'activer: si vous avez une fontaine d'intérieur par exemple, vous allez la changer de place et choisir le secteur d'une bonne étoile.

Qualités de l'étoile 2

1.Énergie bienveillante: Dans certaines configurations, l'étoile 2 est considérée comme une énergie bienveillante, apportant la paix, l'harmonie et des influences positives sur les relations.

2. Aspect féminin: L'étoile 2 est souvent associée à une énergie féminine, ce qui peut se traduire par des qualités telles que l'intuition, la sensibilité et l'empathie.

3. Énergie calme: Elle peut apporter une énergie calme et apaisante à l'espace, favorisant la méditation, la réflexion et la spiritualité.

4. Influence positive sur la santé: Dans certaines situations, l'étoile 2 est considérée comme bénéfique pour la santé. Elle peut aider à prévenir les maladies et à promouvoir le bien-être physique.

Découvrez votre nombre Kua que je nomme "Votre Chiffre de Chance", votre énergie de naissance, en regardant la vidéo sur notre chaîne So Feng Shui ou dans le livre Votre Chiffre de Chance. p.74

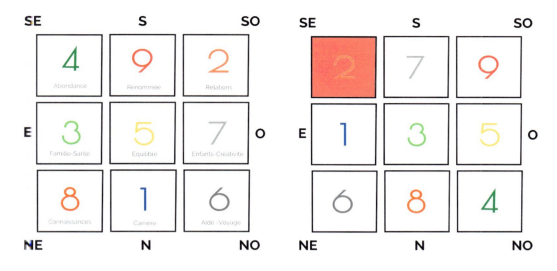

Carré originel et significations   Carré 2024

Notes

SUD-EST * L'Etoile

L'axe Sud-Est / Nord-Ouest

Déficiences de l'étoile 2

1.Tendance à la stagnation: Dans certains cas, l'étoile 2 peut être associée à une énergie stagnante, ce qui peut entraîner des obstacles et des blocages dans la vie.

2. Influences négatives sur la carrière: Si mal placée dans le Pa Kua, l'étoile 2 peut avoir des effets négatifs sur la carrière, entraînant des retards, des obstacles ou des problèmes professionnels.

3. Aspect Yin excessif: Une influence excessive de l'énergie Yin peut conduire à des émotions excessives, à la passivité et à une atmosphère générale de manque de dynamisme.

4. Problèmes relationnels: Bien que généralement associée à des influences positives sur les relations, dans certaines configurations, l'étoile 2 peut contribuer à des problèmes relationnels, tels que des malentendus ou des conflits; attention à maintenir une bonne entente avec vos associés professionnels.

Remèdes

Neutralisez cette étoile avec mes conseils de façon à ne pas augmenter son empreinte et son emprise sur le secteur Sud-Est.
Évitez cette zone autant que possible, si c'est le lieu de votre chambre, changez de pièce, si vous ne pouvez pas appliquez ce remède: activez l'énergie active dont je vous ai déjà parlée, un carillon éolien à 6 branches couleur argent. Vous pouvez aussi appliquer un remède passif: employer des couleurs blanches, grises ou argentées. Ou placer un matériau comme le métal: un objet de votre choix, un plateau, une sculpture...Ou si vous avez de gros soucis, installez une cure de sel. (Voir p.24)

Notes

LE CENTRE * L'Etoile
Le CENTRE

L'étoile 3 se situe au Centre cette année. Elle est associée à une énergie à la fois dynamique et parfois potentiellement turbulente.
Elle frappe le centre et l'équilibre de toute chose, elle épuise l'énergie de la Terre par ses excès. L'étoile 3 est une étoile querelleuse (Bois Yang). Différents équilibres peuvent être mis à mal, tout dépendra des autres étoiles liées par axe à celle-ci. Attention aux personnes 5 (8 pour les femmes et 2 pour les hommes)*.

Caractéristiques et qualités liées à l'étoile 3

1. Croissance et expansion: associée à la croissance, à l'expansion et à la progression, elle peut apporter des opportunités de développement personnel et professionnel.

2. Créativité et expression: liée à la créativité, à l'expression artistique et à l'innovation. Elle peut encourager à explorer de nouvelles idées et à trouver des solutions originales.

3. Communication et sociabilité: elle favorise la communication, la sociabilité et les interactions sociales, faciliter les échanges et renforcer les relations interpersonnelles.

4. Optimisme et positivité: associée à un esprit optimiste et à une attitude positive, elle peut stimuler la motivation et l'enthousiasme pour atteindre les objectifs fixés.

5. Turbulences potentielles: elle peut aussi apporter une énergie turbulente, créant parfois des situations instables ou des changements inattendus. Il est important de gérer cette énergie avec précaution pour éviter les perturbations excessives.

6. Vigilance et ajustement: Lorsque l'étoile 3 est active, restez vigilant et adaptez-vous aux circonstances changeantes. Cela peut nécessiter une flexibilité et une capacité d'ajustement pour naviguer à travers les périodes d'instabilité.

Remèdes

Pour équilibrer ou atténuer les effets parfois turbulents de l'étoile 3, certaines techniques de Feng Shui peuvent être utilisées, telles que l'ajout d'éléments apaisants ou de couleurs spécifiques au Centre où cette étoile est active.
On va appliquer un **remède passif** en ajoutant du blanc, du gris et de l'argenté; ou un **remède actif** avec du métal mouvant comme un carillon éolien à 6 branches de couleur argent. Si vous voulez en trouver un qui résonne sur les chakras et qui ait une très belle sonorité, je vous conseille d'acheter ceux que fabrique Harmonia Eolyre*.

*https://www.facebook.com/eolyre

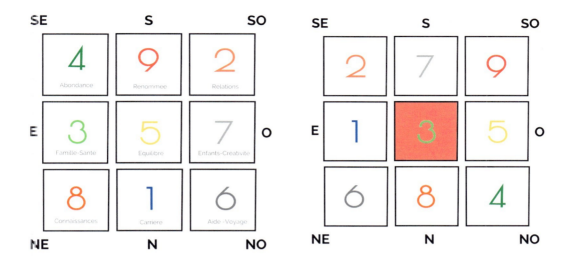

Carré originel et significations   Carré 2024

Notes

Les Afflictions Annuelles

Chaque année, nous devons compter avec des secteurs occupés par plusieurs présences nocives à ne pas déranger:

Le Grand Duc Jupiter,

le Briseur de l'Année,

les 3 Meurtriers ou Massacres,

les 5 Jaunes.

Munissez-vous d'une boussole pour découvrir les parties à ne pas déranger cette année,

Ces précautions ne concernent pas le fait de réaménager ou de faire des travaux dans 100% de votre maison ou de votre bureau.

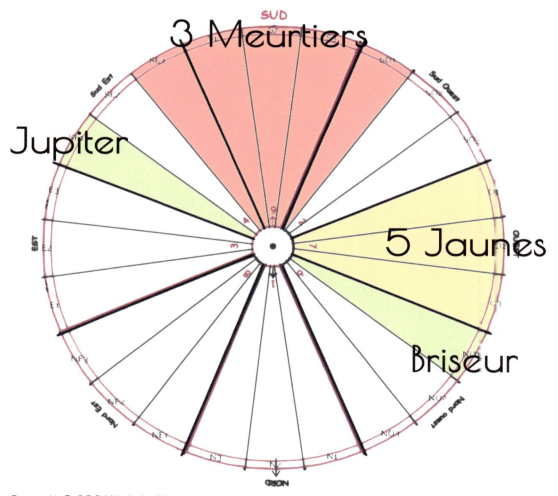

Copyright © 2024 Nathalie Normand   www.larchitecture-fengshui.com

Les Afflictions Annuelles

Jupiter ou Le Grand Duc (Tai Sui)

Il se situe au Sud-Est 1 et occupe 15° de la boussole cardinale, soit de 112,5° à 127,5°. Dans ce secteur, il ne faut pas le déranger, ne pas faire de gros travaux (casser, ouvrir une fenêtre, agrandir…); évitez aussi de repeindre, de décorer ou de réaménager. Il ne faut pas lui faire face en travaillant, en dormant ou en mangeant. De plus le SE est occupé par la mauvaise Etoile 2 cette année (voir p.46).

Le Briseur de l'Année (Sui Po)

Il s'agit du secteur opposé à Jupiter et vous devez suivre les mêmes conseils que précédemment pour cette partie Nord-Ouest 1, de 292,5° à 307,5°, évitez toute perturbation.

Les 3 Meurtriers ou Massacres (San Sha)

Le spectre est large, ils se situent au Sud-Est 1, au Sud et au Sud-Ouest 1; ils occupent 147,5° à 217,5°. Dans cette zone, il ne faut rien déranger, ne pas faire de gros travaux (casser, ouvrir une fenêtre, agrandir…); évitez aussi de repeindre, de décorer ou de réaménager. Et surtout leur faire face, ne pas leur tourner le dos en mangeant, en travaillant ou en dormant.

Les 5 Jaunes

Ils occupent toute la zone Ouest de 247,5° à 292,5°. Suivez les mêmes conseils; par contre, ici vous pouvez leur tourner le dos.

Les Afflictions Annuelles

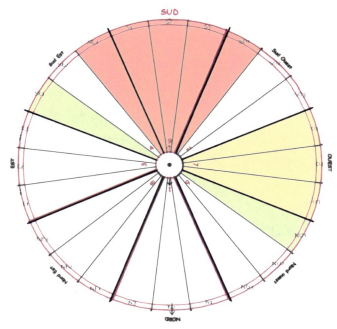

Boussole 1: Position des Afflictions annuelles

Boussole 2: Superposition des Afflictions annuelles et des mauvaise étoiles

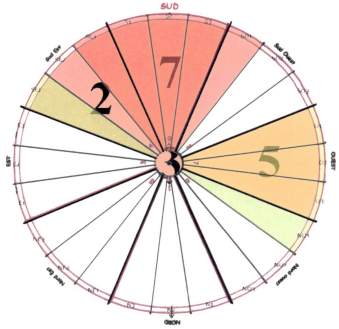

Les Axes défavorables

Ici je vais vous demander de prendre votre boussole pour vérifier l'emplacement et la direction de votre entrée, de votre bureau, ou bien encore de votre tête de lit.

<u>Les emplacements défavorables sont:</u>
le Sud-Est, le Sud, l'Ouest et le Centre.

<u>Les axes très déficients sont:</u>
le Nord-Ouest face au Sud-Est,
l'Est face à l'Ouest,
et le Nord face au Sud.

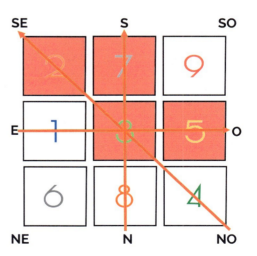

Secteurs à ne pas activer en 2024

Le CENTRE (étoile querelleuse 3)
Neutralisez avec des couleurs, formes et matériaux "Métal"* ou un carillon éolien à 6 branches, ou du rouge, il brûlera le mauvais bois 3. Utilisez une cure de sel. (Voir p. 20)

Ouest (étoile de la malchance 5)
Neutralisez avec des couleurs, formes et matériaux "Métal"* ou un carillon éolien à 6 branches argent. Une cure de sel. Un meuble lourd en métal.

Sud-Est (étoile de la maladie 2)
Neutralisez avec des couleurs, formes et matériaux "Métal"* ou un carillon éolien à 6 branches argent. Une cure de sel.

Sud (étoile de la violence 7)
Neutralisez avec des couleurs, formes et matériaux "Eau"*, un aquarium, une fontaine. Une cure de sel.

Notes

Degrés à ne pas déranger en 2024

Le Centre (étoile querelleuse 3)

Ouest 1,2 et 3 (étoile de la malchance 5) : **247.5° à 292.5°**

Sud-Est 1,2 et 3 (étoile de la maladie 2) : **112.5° à 157.5°**

Sud 1,2 et 3 (étoile de la violence 7) : **157.5° à 202.5°**

Sud-Ouest 1 (bonne étoile 9 mais présence des 3 Meurtriers) : **202.5° à 217.5°**

Nord-Ouest 1 (bonne étoile 4 mais présence du Briseur de l'Année) : **292.5° à 307.5°**

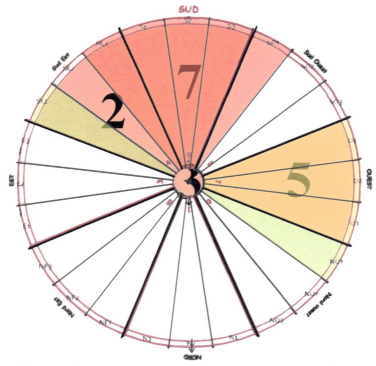

Notes

Les Meilleurs Secteurs

Les secteurs les plus favorables seront:

l'Est étoile 1 Chance;

le Sud-Ouest étoile 9 Multiplicative;

le Nord-Ouest étoile 4 Finances, études, couple;

le Nord étoile 8 Prospérité;

et le Nord-Est étoile 6 Céleste.

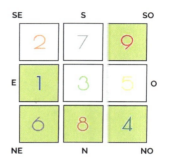

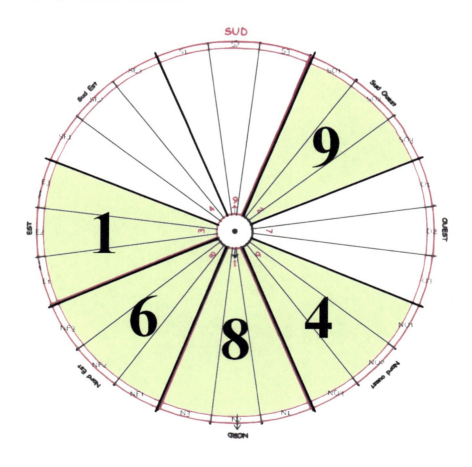

Notes

Les Meilleurs Axes

Vous devez prêter attention aux axes dans lesquels vous entrez chez vous ou à votre bureau, dans lesquels vous travaillez, vous mangez ou bien encore vous dormez. Cette année, je ne vous dirai pas qu'il y a des axes très favorables étant donné que le Centre est occupé par l'étoile querelleuse 3. On se contentera des termes "favorable" et "bon", voire "moyen".

<u>Les plus favorables (bons) seront:</u>
le Nord-Est (Etoile 6) vers le Sud-Ouest (Etoile 9),
et le Sud-Ouest (Etoile 9) vers le Nord-Est (Etoile 6).
Si vous avez votre portée d'entrée ici, cela vaut le coup de l'activer; si vous disposez d'une porte dans ces secteurs, utilisez-là.

<u>Les favorables seront:</u>
Le Sud-Est vers le Nord-Ouest (Etoile 4)
Le Sud vers le Nord (Etoile 8)
l'Ouest vers l'Est (Etoile 1),

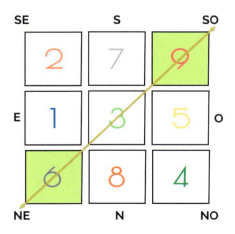
Axes bons

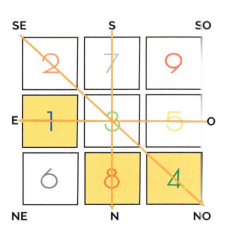
Bons à moyens

Notes

Secteurs à activer en 2024

Nord (étoile de la prospérité 8)
Activez avec des couleurs, formes et matériaux "Feu" et "Terre*". Un lustre en cristal.

Sud-Ouest (étoile multiplicative 9)
Activez avec des couleurs, formes et matériaux "Bois" et "Feu*". Des plantes naturelles.*

Nord-Ouest (étoile de l'amour et des études 4)
Activez avec des couleurs, formes et matériaux "Eau" et "Bois*".

Nord-Est (étoile céleste 6)
Activez avec des couleurs, formes et matériaux "Feu","Terre" et "Métal*". Un lustre en cristal.

Est (étoile de la chance 1)
On n'active pas une étoile 1, c'est la prospérité à venir. Supprimez par contre tout ce qui peut la détruire: le bois (pas d'excès, c'est déjà un secteur bois), le feu et la terre.

Voir p.12

Notes

Secteurs & Chiffre de Chance

Dans les pages qui suivent, vous allez trouver les prévisions par secteurs selon votre année de naissance, votre « nombre kua » que je nomme le « Chiffre de Chance ». Le Nombre Kua c'est le nombre énergétique calculé à partir de votre date de naissance.

Il y a 2 grands groupes que l'on nomme "Maison", **Maison Est: 1, 3, 4 et 9** et **Maison Ouest: 2, 6, 7 et 8**.
Pour découvrir ce nombre, vous avez une vidéo sur la chaîne **So Feng Shui**, un ebook ou encore un livre broché "**Votre Chiffre de Chance**" qui vous permettra d'un seul coup d'oeil d'avoir les nombres de chance de chaque personne de votre famille ou des personnes avec qui vous êtes en relation.
Vous pourrez découvrir la signification de vos 8 secteurs, identifier vos 4 secteurs favorables et les 4 zones déficientes. De façon à aménager en connaissance de cause votre lieu de vie ou de travail; pour décider aussi des améliorations, des travaux à venir et éventuellement de grandes décisions comme agrandir une ou plusieurs parties de votre bien; choisir l'implantation de votre porte d'entrée, de votre salon, de votre salle à manger, de votre cuisine, de votre chambre, de la chambre des enfants, de votre bureau, de votre atelier, de votre salle de bains de vos toilettes, de vos débarras, cellier, cave...de votre garage...

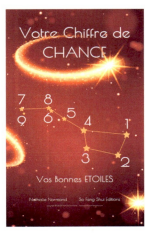

Retrouvez mes ouvrages sur amazon a vec des pages pour noter vos remarques, constats, projets et avancées.

Les ebook à commander en lien sous les vidéos ou dans notre newsletter.

Copyright © 2024 Nathalie Normand   www.larchitecture-fengshui.com

Notes

Bons Secteurs & Chiffre de Chance du groupe Est

Kua : 1, 3, 4 et 9 des Maisons Est*

Pour les personnes de la « **Maison Est** », les **1, 3, 4** et **9***, vous bénéficiez cette année du:

Secteur Nord:

Pour obtenir chance, bonheur, sérénité, le fait de générer d'importants gains matériels, l'envolée de votre carrière, la concrétisation de vos projets professionnels mais aussi la possibilité d'agrandir votre famille si vous souhaitez accueillir un enfant. Tout ceci en **activant l'étoile 8*** mais aussi en vous situant dans ce secteur et en regardant l'Est qui est très bon pour vous cette année. Les **1,** et les **9** seront encore plus favorisés.

Secteur Est:

Pour que la chance frappe à votre porte, l'abondance et les finances seront exponentielles, de nouvelles rencontres et relations seront au rendez-vous. Surtout pour les **1,** et les **3**. **Soutenez l'étoile 1***. (Voir p.30)

Secteur Sud-Ouest:

Pour que la chance frappe à votre porte, l'abondance et les finances seront exponentielles, de nouvelles rencontres et relations seront au rendez-vous. Surtout pour les **9; Soutenez l'étoile 9***. (Voir p.40)

Le Nord-Ouest:

Pour la réussite dans les études et pour faire le bon choix lors d'une orientation; pour les célibataires, vous rencontrez la bonne personne. Surtout pour les personnes **4; activez l'étoile 4*** (Voir p.42)

*Voir p. 64 comment activer les étoiles.

Découvrez votre nombre Kua que je nomme "Votre Chiffre de Chance", votre énergie de naissance, en regardant la vidéo sur notre chaîne So Feng Shui ou dans le livre Votre Chiffre de Chance.p.74

Notes

Bons Secteurs & Chiffre de Chance du groupe Ouest

Kua 2, 6, 7 et 8 des Maisons Ouest

Pour les personnes du « Groupe Ouest », les 2, 6, 7 ou 8 ;
vous bénéficiez cette année du:

Secteur Nord-Est:
Pour la réussite professionnelle, notamment pour les entreprises ayant un lien avec le développement personnel, l'art zen, le spirituel....mais aussi l'enseignement, les connaissances. Vous serez reconnus et des promotions seront possiblement proposées sans que vous ne les demandiez. Surtout pour les 6 et les 8, **activez l'étoile 6***.

Secteur Sud-Ouest:
Pour que la chance frappe à votre porte, l'abondance et les finances seront exponentielles, de nouvelles rencontres et relations seront au rendez-vous. Surtout pour les 2. **Soutenez l'étoile 9***.

Le Nord-Ouest:
Pour la réussite dans les études et pour faire le bon choix lors d'une orientation; pour les célibataires, vous rencontrez la bonne personne. Surtout pour les personnes 6; **activez l'étoile 4***.

Secteur Nord pour étendre votre réputation au delà des frontières habituelles, vous sentir bien en phase socialement, être apprécié pour vos valeurs et faire croître vos gains matériels. Surtout pour les personnes dont les métiers sont en lien avec la carrière, le chemin de vie, surtout pour les 8. **Activez l'étoile 8***.

*Voir p.64 comment activer .es étoiles.

Découvrez votre nombre Kua que je nomme "Votre Chiffre de Chance", votre énergie de naissance, en regardant la vidéo sur notre chaîne So Feng Shui ou dans le livre Votre Chiffre de Chance.

Copyright © 2024 Nathalie Normand   www.larchitecture-fengshui.com

Notes

Vos secteurs favorables
et défavorables en fonction de votre Chiffre de Chance

En fonction de votre année de naissance, vous pourrez découvrir votre nombre Kua, également appelé "Chiffre de Chance". Cela vous permettra de comprendre les aspects positifs qui vous attendent cette année, tout en identifiant les secteurs et domaines nécessitant une attention particulière. Je vous encourage vivement à vous référer aux pages 24 à 50 de ce livre pour obtenir des conseils détaillés sur la manière de neutraliser les influences négatives et de maximiser les opportunités positives.

Nombre Kua	Secteurs positifs	Secteurs négatifs
1	Est_Santé Nord_Harmonie	Sud-Est_Réussite Sud_Relationnel Centre_Equilibre
2 5 > 2 Homme ou 8 Femme	Sud-Ouest_Harmonie Nord-Est_Réussite Nord-Ouest_Relationnel	Ouest_Santé Centre_Equilibre
3	Est_Harmonie Nord_Santé	Sud-Est_Relationnel Sud_Réussite Centre_Equilibre
4	Est_Relationnel Nord_Réussite Nord-Ouest_Chance	Sud-Est_Harmonie Sud_Santé Centre_Equilibre
6	Sud-Ouest_Relationnel Nord-Est_Santé Nord-Ouest_Harmonie	Ouest_Réussite Centre_Equilibre
7	Sud-Ouest_Santé Nord-Est_Relationnel Nord-Ouest_Réussite	Ouest_Harmonie Centre_Equilibre
8	Sud-Ouest_Réussite Nord-Est_Harmonie Nord-Ouest_Santé	Ouest_Relationnel Centre_Equilibre
9	Est_Réussite Nord_Relationnel	Sud-Est_Santé Sud_Harmonie Centre_Equilibre

Découvrez votre nombre Kua que je nomme "Votre Chiffre de Chance", votre énergie de naissance, en regardant la vidéo sur notre chaîne So Feng Shui ou dans le Livre Votre Chiffre de Chance p.74

Les 5 Meilleurs Conseils

1. Pour tous:

Personne ne doit tourner le dos au Sud-Est 3, au Sud et au Sud-Ouest 1 cette année.* (Prudence sur ce secteur des trois meurtriers).

2. Ne changez rien si tout va bien;

3. N'effectuez qu'un changement à la fois et notez la date et ce que vous avez changé.
Vous avez le guide pratique **L'Agenda Feng-Shui Perpétuel** pour vous aider d'année en année à améliorer votre espace de vie ou de travail.

4 Travaillez par axe.

5 Utilisez la radiesthésie pour vous aider dans vos choix: si vous utilisez le pendule ou la baguette de radiesthésie, ou encore un test de kinésiologie, vous pourrez valider vos activateurs, vos remèdes ou vos "cures feng shui".*

* Voir p.20

Copyright © 2024 Nathalie Normand   www.larchitecture-fengshui.com

LIVRES BROCHÉS

La Maison et la Bureau Feng-Shui sur ma page amazon

Votre Chiffre de Chance

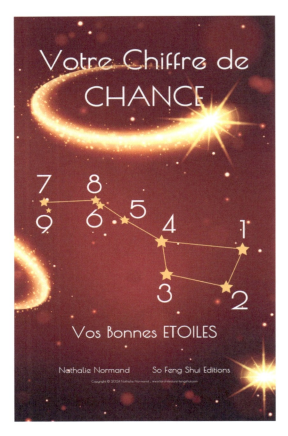

Comment votre date de naissance influence votre vie et celle de vos proches.

Dans ce livre, vous trouverez votre Chiffre de Chance (le Nombre Kua) et ceux des personnes qui vous entourent; vous découvrirez vos 4 axes favorables et les 4 meilleurs secteurs dans votre maison ou de votre bureau. Et vous saurez comment utiliser ces informations quotidiennement pour votre plus grand bien-être.

Vous aménagez votre maison ou vous investissez un nouveau bureau ? Vous cherchez un job ou vous voulez en changer ? Vous voulez construire ? Vous rencontrez un nouveau partenaire sentimental ou professionnel ?

Pour toutes ces raisons et bien d'autres, vous avez besoin de connaître votre nombre Kua pour réussir avec plus de facilité dans tous les aspects de votre vie.

Ce livre est fait pour vous faire bénéficier de votre chance que je vous souhaite grande et BELLE.

(Egalement disponible en version ebook sur demande par email)

LIVRES BROCHÉS

L'Agenda Feng-Shui Perpétuel

Pour avoir de vrais changements positifs dans votre vie, cet agenda Feng-Shui vous apporte 52 semaines de conseils et vous pourrez le transporter facilement dans votre sac!

Vous pourrez l'utiliser plusieurs années de suite. **Chaque semaine un conseil vous est proposé** pour améliorer votre vie. Il s'applique soit à la maison, soit à votre bureau ou encore au jardin; avec cet agenda perpétuel faites entrer au fur et à mesure du temps la force de la nature dans votre vie.
Vous débutez votre agenda quand vous voulez, par la semaine où vous désirez agir; il comprend donc 52 semaines que vous nommerez au fil du temps. Vous aurez des conseils pour chaque semaine, vous pourrez noter ce que vous aurez entrepris et les dates des bonnes surprises advenues suite à vos changements positifs. Chaque année vous pourrez voir vos progrès, vous en féliciter et avoir une trace de ce que vous avez élaboré.
Lisez les conseils selon vos besoins et notez le jour où vous l'avez appliqué. A vous de jouer, je vous donne toutes les clés du bonheur et de la réussite que je vous souhaite grands. Que vous commenciez en janvier, avril, juillet ou en octobre... peu importe, le plus important est de se lancer dans l'aventure avec joie, enthousiasme et plaisir. Débutez un jour où vous êtes en forme, plein d'énergie.
Vous notez le jour où vous avez suivi un conseil et ce que vous avez fait exactement; puis vous attendez le résultat, en fait vous n'y pensez plus la plupart du temps, et c'est bien mieux. Bientôt un évènement heureux va se produire, à vous de noter le jour où cela arrive. Et voyez en combien de temps votre Feng-Shui agit tout seul, enfin presque, car c'est vous qui avez initié le mouvement grâce à cet agenda pratique.

Je vous souhaite un arc-en-ciel de bonheurs!

Copyright © 2024 Nathalie Normand   www.larchitecture-fengshui.com

LIVRES BROCHÉS SPÉCIAL JARDIN

Mon Jardin Feng-Shui et moi

Dans ce 1er ouvrage, je vous invite à un voyage pratique au coeur des techniques originales de culture et de paysagisme héritées de la tradition du Feng-Shui. Harmoniser les couleurs, les formes, les matériaux, les arbres et les fleurs. Equilibrer l'atmosphère générale en jouant avec les sons, les vibrations et les sensations. Choisir ses végétaux, ses arbres et placer des éléments dynamiques comme une fontaine et bien plus encore...

L'Architecture de Mon Jardin Feng-Shui

Il s'agit d'un complément du 1er livre, un guide pour créer son jardin selon le terrain, ses envies, ses rêves. Vous découvrirez des outils d'analyses et de conception simples, des grilles qui permettent de ressentir les liens énergétiques qui existent entre son lieu de vie et soi-même. Des recettes pour planter un lieu de biodiversité, pour augmenter l'énergie naturelle de son espace en y invitant la faune, la flore spontanée, pour garder une végétation en bonne santé.

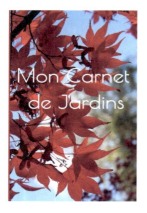

Mon Carnet de Jardins

J'ai créé ce carnet car c'est un outil qui me manquait, aussi je partage avec vous sa conception.
Parce qu'on aime garder des souvenirs des beaux Jardins que nous avons découverts, les lieux de nos voyages effectués pour dénicher les jardins les plus insolites; les personnes que nous avons rencontrées, les bons moments que nous avons passés, les plantes que nous avons admirées et bien d'autres trésors encore...

Me Contacter

Et si vous hésitez pour quoi que ce soit, contactez-moi ou bien réservez votre rendez-vous sur notre site:

www.larchitecture-fengshui.com

Ou encore par email: so.fengshui.8@gmail.com
Ou par téléphone au **0033 (0)9 86 78 37 17**

Avec toutes ces belles perspectives, je vous souhaite de beaux évènements, des choses belles et grandes, à votre mesure pour votre année 2024.

Pensez à vous abonner à nos chaînes Youtube So Feng Shui et Le Jardin Feng-Shui pour ne rien rater des nouvelles vidéos. Nous publions une fois par mois.

Nathalie Normand
larchitecture-fengshui.com
lejardin-fengshui.com

Notes